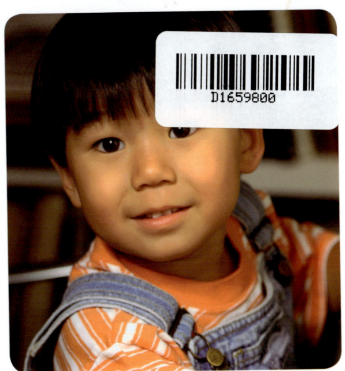

CHINA

EL CURSO HA COMENZADO Y TENGO NUEVOS AMIGOS.

LU-XILIN NACIÓ EN CHINA. TIENE UNOS PRECIOSOS OJOS RASGADOS Y EL PELO NEGRO.

LU-XILIN SABE ESCRIBIR
SU NOMBRE EN LETRAS CHINAS.

Y PUEDE COMER CON PALILLOS
SIN QUE SE LE CAIGA NADA.

PERÚ

PEDRO ES DE PERÚ. ALLÍ USAN PONCHOS Y GORROS DE MUCHOS COLORES.

...Y CUENTOS QUE HABLAN
DE MONTAÑAS MUY ALTAS.

LA FAMILIA DE JOMO ES DE KENIA.

KENIA

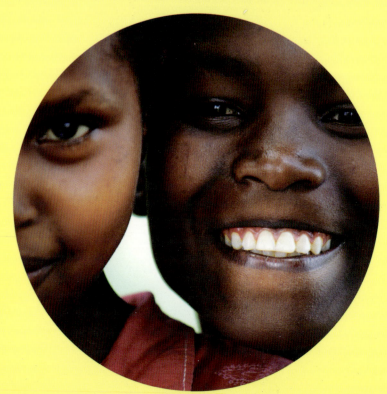

JOMO TIENE LA PIEL OSCURA Y LOS DIENTES BLANQUÍSIMOS.

¡PERO ÉL BAILA MUCHO MEJOR QUE NOSOTROS!

RUSIA

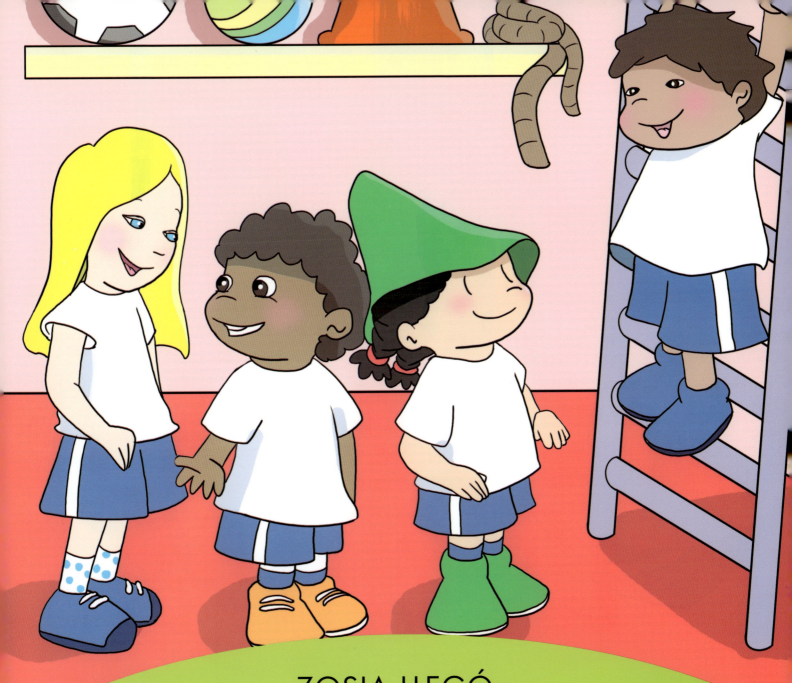

ZOSIA LLEGÓ
HACE POCO DE RUSIA, SU PAÍS.
ES MUY RUBIA Y MUY ALTA.

ZOSIA SABE HABLAR EN RUSO Y TIENE UNA MUÑECA RUSA.

¡TIENE OTRAS MUÑECAS DENTRO!

TODOS PODEMOS JUGAR CON ELLA.

MARRUECOS

HAMIDU YA HA MONTADO EN CAMELLO...

...Y NOS HA CONTADO CÓMO ES EL DESIERTO, TODO LLENO DE ARENA.

¡Y YO SOY UN GNOMO!

¡TODOS SOMOS DIFERENTES
PERO NOS QUEREMOS UN MONTÓN!